세상을 바꾼 87km
셀마 대행진

illustration+storia('역사'의 이탈리아어)의 합성어로,
우리와 세계 모든 이들이 함께 이룩한 역사가 일러스트를 만나 태어난, 알기 쉬운 역사 교양 시리즈입니다.

글 | 박정주

서강대학교 사학과를 졸업하고 한림대학교 대학원에서 석사학위를 취득했습니다. 동성중학교에서 역사 교사를 지냈으며, 저서로는 《최승로 상소문 연구》(공저), 《북학의》(번역) 등이 있습니다.

그림 | 소복이

여전히 세상엔 많은 차별이 존재하지만, 여전히 세상이 조금씩 나아지고 있음을 믿고 있는 만화가입니다. 쓰고 그린 책으로는 《소년의 마음》, 《애쓰지 말고, 어쨌든 해결 1, 2》, 《구백구 상담소》, 《어린이 마음 시툰 : 우리 둘이라면 문제없지》, 《만화 그리는 법》 등이 있습니다.

세상을 바꾼 87km
셀마 대행진

illustoria 001

초판 1쇄 발행 2021년 10월 10일
초판 3쇄 발행 2023년 3월 10일

지은이 박정주
펴낸이 김연희

펴 낸 곳 그림씨
출판등록 2016년 10월 25일(제406-251002016000136호)
주   소 경기도 파주시 광인사길 217(파주출판도시)
전   화 (031)955-7525
팩   스 (031)955-7469
이 메 일 grimmsi@hanmail.net

ISBN 979-11-89231-42-2 03300

세상을 바꾼 87Km
셀마 대행진

박정주 글 · 소복이 그림

그림씨

우리가 '셀마 대행진'을 기억해야 하는 이유

성숙 비교를 멀리하고 경쟁 비교에만 익숙한 우리

인간은 비교하는 동물입니다. 나와 다른 남과 만나면 비교하여 나의 우월성을 확인하면서 만족하려는 속성에 갇히기 쉽습니다. 공상과학(SF) 소설이나 영화에 나오듯이, 나와 똑같은 인간이 공장에서 무수히 제조된다고 가정하면 어떤 생각이 드나요? 끔찍하지요. '나'라는 존재가 사라질 테니까요. 그렇다면, 이 세상 사람들이 모두 나와 다르다는 점에 안도해야 할 텐데, 나와 다르다고 또 문제를 삼습니다. 이처럼 나와 같아도 안 되고 달라도 안 되는 모순적 태도를 보이는 이유는, 나의 상대적 우월성을 확인하려는 데 있습니다. 남이 나와 같으면 내가 우월할 수 없고, 남이 나와 다르다고 시비를 거는 것은 나보다 열등하다고 주장하기 위해서지요. 이처럼 남과 비교하여 자기 우월성을 확인하고 싶어 하는 인간의 '즉자적 속성'은 '차이'를 차별과 억압, 그리고 배제의 근거가 되도록 합니다.

이 점에서 성숙 비교를 멀리하고 경쟁 비교에 익숙하게 하는 우리 교육은 심각한 문제를 안고 있습니다. 성숙 비교란 '어제의 나보다 성숙된 오늘의 나', '오늘의 나보다 성숙된 내일의 나'를 비교하는 것으로, 그런 자세로 살아가는 사람은 소유물이나 소속 집단에는 별 관심이 없습니다. 반면에, 경쟁 비교를 통해 자기 우월성을 확인하려는 사람은 대개 소유물과 소속 집단(남자, 내국인, 백인, 이성애자 등)에 집착하는 경향을 보입니다. 그것들이 그의 우월성을 확인케 해 주는 것들이니까요. 가령 미국의 KKK 단원은 자신이 백인이라는 점 이외에는 내세울 게 없는 사람들입니다. 그래서 더욱 피부색 차이에 집착합니다. 마찬가지로, 임대 아파트에 살거나 월 소득이 200만 원 정도인 이웃에게 '임대충', '이백충'이라고 비아냥대는 사람은 내세울 게 자기 집안의 재산밖에 없는 사람이지요.

"나에겐 꿈이 있습니다. 나의 네 자식이 피부색이 아닌 인품의 내용으로 평가받는 세상에 사는 꿈이 있습니다."

이 책에서도 소개되고 있는 마틴 루서 킹 목사의 유명한 〈나에겐 꿈이

있습니다〉연설 내용입니다. 만약 우리 세상이 피부색이나 재산의
크기보다 인품을 중시한다면, 사람들은 남과 비교하기보다 나의 성숙을
위해 성찰하고 실천하겠지요.

자기 생각이 틀릴 수 있다는 점을 인정하고 수정하는 용기

인간은 합리적 존재이기보다 합리화하는 존재입니다. 오늘날 "19세기가
노예 해방의 세기였고 20세기가 여성 참정권(보통 선거권)의 세기였다면,
21세기는 성 소수자들이 해방되면서 시작되고 있다"고 말하게
되었습니다. 인종차별, 여성차별, 성소수자 차별과 배제에서 벗어나야
글로벌 민주시민이 될 수 있다는 뜻이기도 합니다. 그런데 실로 오랫동안
백인 남성우월주의자들은 "흑인=인간(백인 남성)과 동물의 중간물"
"여성=인간(백인 남성)과 자연의 중간물"이라고 주장하면서 인종차별,
여성차별을 정당화해 왔습니다. 남/여는 우열관계로, 이성애자/성
소수자는 정상/비정상 관계로, 신앙과 사상의 차이는 선/악 관계로
치환하여, 차별과 억압, 그리고 배제를 합리화하는 것입니다. 우리는 기존
생각을 고집하는 경향이 있습니다. 자기 생각이 틀릴 수 있다는 점을

인정하고 수정하는 용기가 있어야 하는데, 대부분은 합리화를 통해
그 잘못된 생각을 고집합니다.

사랑과 연대에 비해 혐오와 증오는 전염력이 훨씬 강합니다

우리의 과제를 어렵게 만드는 문제는 또 있습니다. 사랑과 연대보다
혐오와 증오의 힘이 더 세다고 합니다. 사랑과 연대에 비해 혐오와 증오는
전염력이 훨씬 강한 데다 선동에 의해 증폭될 수 있기 때문입니다. 프리모
레비*가 보통 사람들의 위험성을 강조했던 이유입니다. 나치 수용소에서
구사일생으로 살아난 그는 이런 말을 남겼습니다.
"인간 괴물이 아주 없지는 않다. 그러나 그 숫자가 많지 않아서 그리 위험하
지 않다. 실제로 위험한 사람은 보통 사람들이다. 아무런 의심도 품지 않고
무조건 따르고 행동하는 보통 사람들이다."
개명開明된 20세기의 독일인들이 히틀러나 괴벨스의 유대인 혐오 선동에

---

* 프리모 레비(Primo Levi, 1919-1987): 유대계 이탈리아의 화학자이자 작가. 아우슈비츠
수용소에 갇혔다가 살아 나와《이것이 인간인가》,《주기율표》등을 지었다.

집단적으로 휘둘려 반인간적 야만의 길로 치달았습니다. 그렇다면 '위험한 사람'이 되지 않으려면 어떻게 해야 할까요? 무엇보다 '역지사지易地思之'의 지혜가 중요합니다. "상대방의 자리에서 생각하라"는 것입니다. 인디언 수(Sioux)족의 기도문에는 이런 내용이 있습니다.

"오, 위대한 영靈이여, 상대방의 모카 신발을 신고 1마일을 걷기 전에는 그를 판단하지 않게 나를 지켜주소서."

공자님은 "자기가 원하지 않으면 다른 사람에게도 하지 말아야 한다(기소불욕 물시어인己所不欲 勿施於人)."고 가르쳤고, 성경에도 "무엇이든 남에게서 대접받고자 하는 대로 너희도 남을 대접하라. 이것이 율법이요 선지자니라(마태복음 7장 12절)."는 말씀이 있습니다.

셀마 대행진은 우리의 임무가 결코 끝나지 않았음을 전해 줍니다

셀마 대행진은 미국 흑인들의 민권 신장 역사에 있어서 획기적인 사건이었습니다. 차별당하는 당사자들이 들고일어나는 것은 당연한 일입니다. 하지만 그것만으로 부족합니다. 당사자가 아닌 사람들이 그들과 함께 어깨 겨루고 사회 불의에 맞서 싸우는, 사랑과 연대의 정신이 꼭

필요합니다. 18세기 영국의 보수주의 정치가 에드먼드 버크*는 "선한 사람들의 무관심이 악을 키운다."라고 했습니다. 또 프랑스의 계몽사상가 볼테르는 이렇게 말했습니다. "광신자들이 열성을 부리는 것도 수치스러운 일이지만, 지혜를 가진 사람이 열성을 보이지 않는 것 또한 수치스러운 일이다."

셀마 대행진은 반세기도 더 전에 미국 땅에서 있었던 일입니다. 그럼에도 우리에게 많은 시사점을 던져 줍니다. 지금 여기에도 여성, 장애인, 성 소수자, 이주민, 지역, 학벌, 빈부 등 차별이 만연해 있습니다.

홍세화
작가이자 사회운동가로 《한겨레》 기획위원을
지냈으며, '장발장은행장'과 '소박한 자유인'
대표로 일하고 있다.

* 에드먼드 버크(Edmund Burke, 1729-1797): 아일랜드 출신 영국의 정치가. '보수주의의 아버지'로 불린다.

1

아무것도 하지 않으면
아무 일도 일어나지 않는다

이 이야기는 미국에서 시작합니다.

그렇지만 단지 미국의 이야기만은 아닙니다.

사람의 가치는 아시아의 대한민국이건

북아메리카의 미국이건

아프리카의 나이지리아건

오세아니아의 오스트레일리아건

유럽의 프랑스건,

지구상 어디든 똑같기 때문이지요.

미국의 이야기가 곧 대한민국의 이야기이고,

대한민국의 이야기가 곧 프랑스의 이야기라고

할 수 있습니다.

미국 남부에 있는 앨라배마주州는

전체 면적이 135,775km²에 달하는 넓은 주입니다.

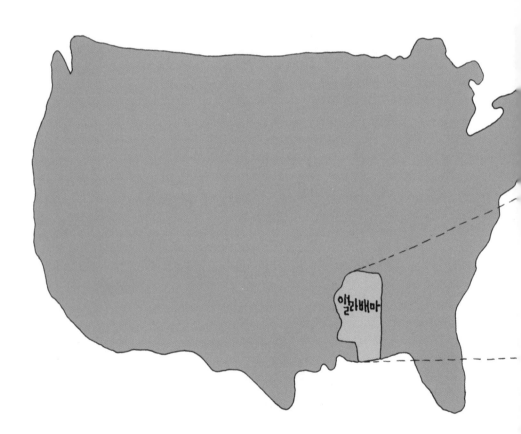

1년 내내 비교적 따뜻하고 겨울에도 많이 춥지 않지요.

온화한 기후와 비옥한 토양은 농업의 조건과 잘 맞아

이곳 광활한 대지는 목화로 가득 차 있습니다.

그래서 앨라배마주를 '목화주(코튼 스테이트, Cotton state)'라 부르기도 하지요.

남북전쟁 이전까지 목화 농장에서는 흑인들이 노예로 일을 했습니다.

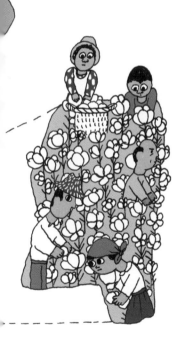

남북전쟁이 끝나고, 90년이 흐른 1955년.

앨라배마주에서 운행하는 버스는

흑인과 백인이 앉는 자리가 분리되어 있었습니다.

앞쪽에는 백인이, 뒤쪽에는 흑인이 앉았지요.

백인 자리가 비어 있어도 흑인은 서서 가야 했습니다.

버스에 오를 때에도 백인은 앞문,

흑인은 뒷문으로 타야 했습니다.

버스의 가운데 자리는 백인과 흑인 누구나 앉을 수 있었는데,

백인은 백인의 자리가 비어 있어도 가운데 자리에 앉을 수 있었습니다.

그런데 두 명이 나란히 앉는 좌석에

백인과 흑인이 함께 앉는 것은 금지되었지요.

백인이 앉으려면 흑인은 일어나야 했습니다.

물론 흑인을 위해 백인이 일어나는 경우는 없었어요.

흑인이 무조건 일어나야 했습니다.

1955년 12월 1일.

앨라배마주의 주도州都인 몽고메리시에 사는 로자 파크스는

백화점에서 재봉사 일을 마치고

다른 흑인들과 함께 버스에 올라 가운데 자리에 앉았습니다.

얼마 가지 않아 백인 자리가 가득 찼고,

다른 흑인들은 늘 그랬던 것처럼 자리에서 일어나 양보했습니다.

그러나 지친 로자 파크스는 그럴 힘도, 마음도 없었습니다.

로자 파크스는 경찰에 연행되었습니다.

그리고 나흘 후인 12월 5일,

유죄 판결과 함께 벌금 10달러를 선고받았습니다.

하지만 그녀는 승복하지 않고 항소했습니다.

로자 파크스가 경찰에 연행된 날 밤,

몽고메리의 흑인 사회는 술렁였습니다.

백인에게 자리를 양보하지 않았다는 이유로 체포된 게

로자 파크스가 처음이 아니었기 때문입니다.

이윽고 흑인들 사이에 한 전단이 뿌려졌습니다.

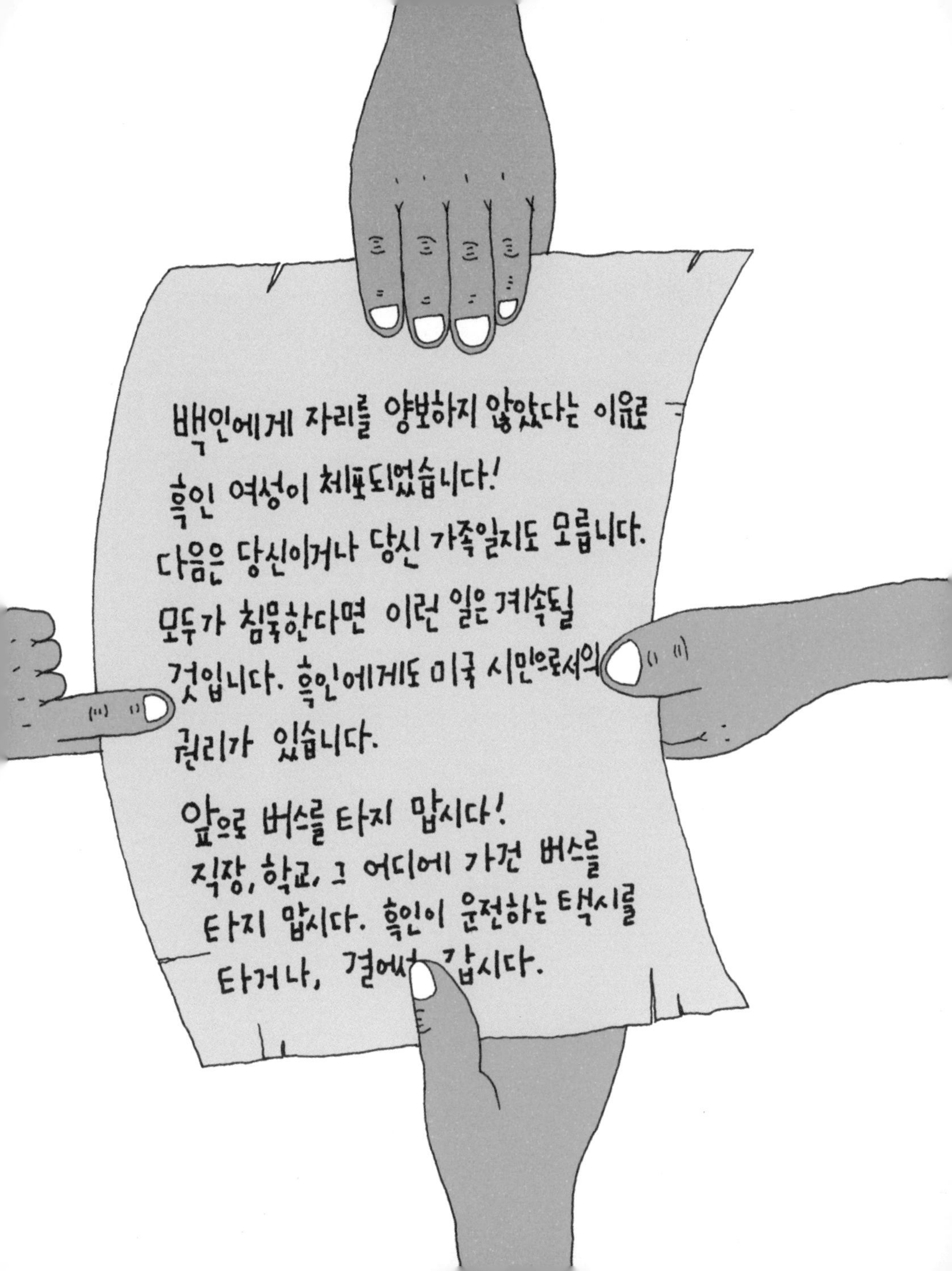

백인에게 자리를 양보하지 않았다는 이유로
흑인 여성이 체포되었습니다!
다음은 당신이거나 당신 가족일지도 모릅니다.
모두가 침묵한다면 이런 일은 계속될
것입니다. 흑인에게도 미국 시민으로서의
권리가 있습니다.
앞으로 버스를 타지 맙시다!
직장, 학교, 그 어디에 가건 버스를
타지 맙시다. 흑인이 운전하는 택시를
타거나, 걸어서 갑시다.

15살 소녀, 클로뎃 콜빈도

9개월 전, 로자 파크스와 똑같이 백인에게 자리를 양보하지 않아

재판에 넘어갔습니다.

게다가 경찰은 클로뎃에게 신체에 대한 부적절한 언급을 하며

성희롱과 거친 언행도 서슴지 않았습니다.

그러나 재판부는 오히려 클로뎃이 경찰에게

폭력을 저질렀다며 벌금형과 보호관찰을 선고했습니다.

흑인들은 분노할 수밖에 없었습니다.

그들은 행동에 나섰습니다.

버스를 타는 대신 자전거를 타거나, 마차를 타거나,

걷는 사람들이 늘어나기 시작했습니다.

흑인 택시 운전사들은 버스 요금만 받고서 흑인 승객을 태웠고,

자신의 차에 이웃을 태워 주는 사람들도 많았지요.

백인 여성 가운데는 자신이 고용한 흑인 여성을 위해

기꺼이 운전하는 사람도 있었습니다.

또, 전국의 흑인들이 다니는 교회에서는

걸어 다니는 몽고메리 시민들을 위해

신발을 보내기도 했습니다.

오렐리아 브라우더
교사이자 간호사,
시민운동가로도
활동했습니다.

메리 루이즈 스미스
그녀 역시 로자
파크스보다 앞서 같은
죄목으로 체포되었습니다.

클로뎃 콜빈
몽고메리시에서 버스
자리를 양보하지
않았다는 이유로 가장
먼저 체포되었습니다.

수지 맥도널드
로자 파크스보다 앞서
1955년 10월 21일,
체포되었습니다.

클로뎃 콜빈 · 오렐리아 브라우더 · 수지 맥도널드 · 메리 루이즈 스미스 · 지네타 리즈

원고석

이뿐만이 아니었습니다.

클로뎃 콜빈(15세), 오렐리아 브라우더(39세), 수지 맥도널드(77세),

메리 루이즈 스미스(19세), 지네타 리즈(64세) 등을 원고로 하고

몽고메리시 시장인 W. A. 게일을 피고로 하는

소송도 제기했습니다.

원고는 모두 버스 좌석을 백인에 양보하지 않았다는 이유로

경찰에 체포된 경험이 있는 사람들이었습니다.

하지만 인종차별을 하는 백인들도

이 상황을 보고만 있지는 않았습니다.

흑인 지도자인 마틴 루서 킹의 집에 다이너마이트를 던졌고,

흑인 모임이 열리는 교회 네 곳을 공격했습니다.

그러나 마틴 루서 킹은 이에 폭력으로 맞서지 않았지요.

백인들의 폭력이 난무한 가운데

버스 보이콧 운동을 평화롭게 이어갔지만

마틴 루서 킹은 법을 위반했다는 이유로

500달러 벌금형 또는 386일의 징역형을 선고받았습니다.

그는 벌금 내기를 거부했고,

2주 동안 갇혀 있어야 했습니다.

사람들은 분노했습니다.

미국 전역에서 마틴 루서 킹과 여러 흑인 지도자의 구금에

저항하는 시위가 일어났습니다.

그러던 중 법원이 흑인들의 손을 들어 주었습니다.

클로뎃 콜빈과 오렐리아 브라우더 등이

몽고메리 시장 W. A. 게일을 상대로 제기한 소송에서

앨라배마주 지방법원이

버스에서의 흑백 분리 운행이 불법이라고 판결한 것이지요.

판결문

몽고메리시에서 이루어진
버스 승객에 대한 흑백 강제 분리 처벌은
미국 헌법과 법률에 위반된다.
따라서, 앨라배마주, 몽고메리시
분리형 버스 운행을 금지한다.

1956년 6월 5일

하지만 이러한 법원의 판결에도

앨라배마주와 몽고메리시는

차별을 멈출 마음이 없었습니다.

1956년 11월 13일.
미국 연방대법원은
앨라배마주 버스의 인종 분리 정책이 불법이라고
최종 판결했습니다.

이 사건을 '브라우더 대 게일 소송 사건'이라고 하며,
흑인 민권 운동사에서 매우 중요한 사건으로 전해 옵니다.

이 판결을 계기로 몽고메리 버스 보이콧 운동은
381일 만에 종료되었습니다.

그렇게 미국의 흑백 분리 정책은 끝이 난 듯했지요.

그러나 세상은 그리 쉽게 바뀌지 않았습니다.

버스 좌석 인종 분리 운행이
폐지된 지 이틀 뒤,

마틴 루서 킹이 사는 집 정문으로
총알이 날아왔습니다.
이튿날엔 버스에서 내리는
한 10대 흑인 소년이 백인에게 공격을 받았지요.
또, 나흘 뒤에는 누군가 두 대의 버스를 향해 총격을 가한 일이 있었는데,
이 총격으로 인해 흑인 임산부 여성이 두 다리를 다쳤습니다.

시 당국은 잇달아 벌어지는 폭력 사태를 막기 위해
몇 주 동안 버스 운행을 중단했습니다.
하지만 시를 지배하고 있던 백인 지도층은
인종 분리 정책을 다른 분야까지 확대시켰습니다.

1957년 3월.
수영, 농구, 야구, 축구, 달리기 등 흑인과 백인이
함께 스포츠 경기를 하는 것은 모두 불법이라는
조례를 통과시켰습니다.

백인들은 무슨 짓이든 할 수 있었지요.
곳곳에서 인종차별을 신봉하는 백인들이 벌이는
폭력 사태가 끊이지 않았습니다.

그해 말 몽고메리시 경찰은 폭탄 테러 사건 혐의로
일곱 명의 KKK(Ku Klux Klan) 단원을 기소했지만,
모두 무죄로 풀려났습니다.

미국의 백인 우월주의 단체 KKK는 1865년에 태어났습니다.

남북전쟁에서 노예제 존속을 주장하던 남부가 패하면서
흑인 노예 해방이 이루어졌는데,
이제 흑인들이 참정권까지 획득할 수 있게 되자
남부의 백인들은 참을 수가 없었지요.

1865년 12월 24일.
테네시주에서 여섯 명의 남부군 출신들이 모여
불법 백인 우월주의 단체를 결성했습니다.
이것이 KKK단의 시작입니다.

KKK단은 흑인을 적대시하는 것을 넘어

흑인 편에 선 백인들에게까지

폭력을 휘두르고 방화를 일삼았습니다.

심지어 살인까지 서슴지 않았지요.

보란 듯이 활개치고 다니는 KKK단을 보며

결국 연방정부는 이들을 가만둘 수 없다고 판단하고

1870년 무렵, KKK단을 단속하는 법을 제정하기에 이르렀습니다.

하지만 그때만 잠잠해졌을 뿐,

다시 조직을 결성해서 활동하기 시작했지요.

1915년, 남부 조지아주에서

백인의 지배 원리를 내세우며 다시 조직된 KKK단은

제1차 세계대전과 1929년 세계 대공황의 혼란을 틈타

300만 명의 회원을 거느릴 만큼 급성장했습니다.

또, 인종차별을 내세우며 세력을 얻은 독일의 나치와 협력해

미국 전역으로 세력을 확장해 나갔지요.

그러나 제2차 세계대전이 끝나면서 그들의 세력도 약화되었습니다.

하지만, 그 후에도 백인 우월주의와 반공주의, 개신교 근본주의를

내세우며 세력 확장을 꾀하고 있습니다.

미국 남부 동맹군 깃발

나치 깃발

KKK 깃발

남부 백인 사회에서 더 심한 인종차별 정책을 펼치고 있을 시기,
앨라배마주 대법원은 마틴 루서 킹의
'버스 보이콧 운동' 혐의에 대한 항소심에서 유죄 판결을 내렸습니다.
로자 파크스는 공공연한 살해 위협을 받았고,
고용주들의 블랙리스트에 올라
몽고메리에서는 일자리를 구할 수 없었지요.

결국 몽고메리에 거주하는 흑인들은
다시 버스의 뒤쪽에 타던 예전의 관습대로 돌아갈 수밖에 없었습니다.

이웃 동네 셀마에서도 흑인들이 버스 좌석에 맘대로 앉지 못하는 건

물론이고 해수욕도 마음껏 할 수 없었습니다.

공공 세면기조차 마음대로 사용할 수 없었지요.

식당에서 함께 식사하는 것도 금지되었습니다.

거리의 음료대조차 백인용과 유색인용이 따로 설치될 정도였습니다.

흑인들은 백인들과 철저히 분리되어 살아야 했습니다.

미국 남부에서는 아예 짐 크로 법을 제정했습니다.

짐 크로 법은 공공장소에서

흑인과 백인의 분리와 차별을 규정한 법입니다.

1865년 12월 18일.

'노예제는 미국 연방 및 미국 연방의 관할에 속하는

어떤 지역에서도 금지한다'라는 내용의 수정 헌법 13조가

미국 의회를 통과함으로써 노예제가 공식 폐지되었습니다.

그러나 1876년, 남부의 11개 주에서는 흑인을 지속적으로 차별하기 위해

'짐 크로 법'을 만들어 흑백 차별을 본격화했습니다.

1830년대에 활동한 백인 연예인 토마스 라이스는
뮤지컬에서 짐 크로라는 이름을 가진 흑인을 연기하며
〈점프, 짐 크로〉라는 노래를 불러 큰 인기를 끌었습니다.
'짐 크로'는 까마귀라는 뜻으로, 가난과 어리석음의 대명사였지요.
그는 얼굴을 검게 칠한 채, 흑인을 어릿광대이자
게으른 멍청이로 묘사하고 비웃는 노래를 불렀습니다.

1892년, 시민운동가인 30세 호머 플레시는
루이지애나주에서 기차의 1등 칸에 탔습니다.
호머 플레시는 겉으로 보기에는 백인이었지만,
사실은 8분의 1의 흑인 혈통을 가진 혼혈인이었습니다.

기차를 탄 그는 지나가는 차장을 불러
"나는 혼혈인"이라고 얘기했습니다.

이 말을 들은 차장은 1등 칸에서 나가라고 했고,

플레시는 거부했습니다.

이 일로 재판에 회부된 그에게

1심 판사 존 하워드 퍼거슨은

루이지애나주가 1890년 흑백 분리를 규정한

열차법을 위반했다며 벌금 25달러를 선고했습니다.

이후 루이지애나 대법원에 항소했지만 결국 패소했습니다.

마지막으로 플레시와 그의 변호인단은
흑백 분리를 규정한 '루이지애나 법'이 인종차별을 금지한
'수정 헌법 13조·14조' 위반이라며 해당 사건을
연방대법원에 제소했습니다.
그러나 1896년 5월 18일에 열린 최종심에서
9명의 연방대법관들은 7대 1로 흑백 분리가 정당하다는
판결을 내렸습니다.

이것이 이후 수십 년 동안 인종차별을 합법화한
'플레시 대 퍼거슨' 사건입니다.

불참한
대법관

이후 미국 남부에서 흑인이 불이익을 받는 건
당연한 것이 되었습니다.
양심적인 시민들은 이러한 불합리에 맞섰지만,
돌아오는 건 폭력뿐이었습니다.

교육도 예외는 아니었습니다.

1950년대 초반,

미국의 주들은 각자 자신들의 교육 정책을 독립적으로 펼쳤습니다.

어느 주는 짐 크로 법을 무시하고 흑백 분리 교육을 금지한 반면,

어느 주는 철저히 흑백 분리 교육을 시행했습니다.

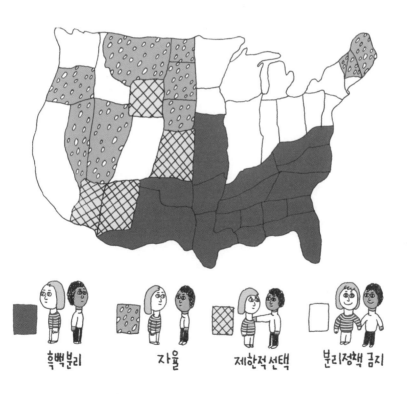

흑백분리　　　자율　　　제한적 선택　　　분리정책 금지

1951년, 캔자스주의 주도州都인 토피카에 사는

8살 흑인 소녀 린다 브라운은

집에서 가까운 학교 대신 1.6km 떨어진 학교에 다녀야 했습니다.

캔자스주는 흑백 분리 교육 여부를 학교에서 자율적으로 결정했지요.

린다의 아버지 올리브 브라운은 이 상황을 도저히 이해할 수 없었습니다.

올리브는 딸을 백인들만 다니는 섬너 초등학교로 전학시키려 했지만

피부색이 다르다는 이유로 거절당했고,

그는 토피카시 교육위원회를 상대로 소송을 걸었습니다.

이 소송을 '브라운 대 토피카 교육위원회 재판'이라고 합니다.

이는 미국 흑인 민권 운동사에서 매우 중요한 사건이 되었습니다.

올리브가 제기한 이 소송은

결국 연방대법원까지 가게 되었습니다.

1954년 5월 17일, 연방대법원은 만장일치로

'공립학교의 인종차별은 위헌'이라는 판결을 내렸습니다.

아무리 시설과 교육을 평등하게 제공한다 해도,

인종을 분리시켜 운영하는 것 자체가 인종차별이라는 것이었습니다.

1896년, '플레시 대 퍼거슨 사건'에 대한 판결이 지배하던 미국을
'브라운 대 토피카 교육위원회 재판'이 뒤집어 버렸습니다.
이 재판에서 대법원장 얼 워런은
'분리된 교육 시설은 본질적으로 불평등하다'고 판결했습니다.
이 판결은 수많은 미국 내 공립학교 교육정책에 영향을 주었고
'공교육에서의 인종차별은 폐지되어야 한다'는 원칙을
세우는 계기가 되었습니다.

하지만 이러한 판결이 내려졌는데도 불구하고
남부의 주에 속한 백인 학교 3,000여 개 가운데
600여 개만이 통합 교육을 시행했을 뿐
대다수 학교는 여전히 바뀌지 않았지요.

많은 이들이 차별에 끊임없이 저항하며

세상이 바뀌기를 간절히 바랐지만 언제나 한계에 부딪쳤습니다.

도돌이표에 갇힌 듯 인종차별을 허용한 법과 제도는

계속해서 뒤따라왔습니다.

왜 그럴까요?

세상이 바뀌기 위해서는 법과 제도가 바뀌어야 합니다.

법과 제도를 바꾸려면 정치적 입장을 반영해 줄 대표를 뽑아야 했지요.

흑인에게 참정권이 보장되지 않는 것이

모든 문제의 근본적인 원인이었습니다.

2

세상을 바꾼
87km 행진

1965년, 앨라배마주 셀마에는 29,000명의 주민이 살고 있었습니다.

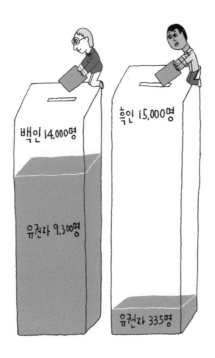

백인 14,000명.

흑인 15,000명.

백인 유권자 9,300명.

흑인 유권자 335명. (백인 유권자의 3.6%)

백인 유권자가 월등히 많다 보니

선거로 선출되는 지방 정부의 주요 인사는 물론

법, 교육, 치안 등을 담당하는 이들은 모두 백인이었습니다.

물론 흑인도 유권자 등록만 하면 누구나 투표를 할 수 있었습니다.
단, 유권자가 되려면 몇 가지 조건이 있었지요.

첫째, 유권자가 되기 위한 특별세인 '인두세poll tax'를 반드시 낼 것.

돈이 없는 사람들은 시민의 기본 권리인 투표권도 가질 수 없었습니다.
인두세는 부자건 가난한 사람이건 똑같은 금액을 내야 했기 때문에
가난한 백인, 그리고 대다수 흑인에게는 큰 부담이었습니다.

두 번째, 유권자 등록 신청을 할 것.

유권자 등록 신청을 하려면 유권자 등록 사무소에 가야 했습니다.

등록 사무소는 한 달에 딱 이틀, 월요일에만 문을 열었습니다.

게다가 하루에 단 몇 시간만 열었습니다.

사람들은 등록 사무소 앞에 긴 줄을 서며

들어가기만을 막연하게 기다려야 했습니다.

등록 신청을 하고 나면 글을 이해하는 능력을 확인하는

문해 시험을 봐야 하고, 그런 다음 구술시험, 즉 면접을 봐야 했죠.

이는 당국이 투표권을 통제하기 위한 수단에 불과했습니다.

결국 대부분의 흑인은 아무리 노력해도 투표권을 가질 수 없었습니다.

설령 힘들게 투표권을 얻었다 해도 투표에 가장 큰 장애물은

따로 있었습니다.

흑인이 투표하려 하면 위협을 해 왔기 때문입니다.

백인 우월주의자들은 투표하려고 하는 흑인들을

끊임없이 협박하여 투표를 포기하도록 했지요.

흑인에게 투표란,

목숨을 걸어야 하는 위험한 행위였습니다.

결국 남북전쟁 이후 합법적으로 부여된 흑인들의 투표권은

남부 지역으로 갈수록 위축되었습니다.

1900년대 초, 루이지애나주의 흑인 유권자 등록률은 1.1%에 머물렀고

인종차별이 가장 심했던 미시시피주의 흑인 유권자 등록률은 0%를

기록했습니다.

그리고 50여 년이 지난 후에도

루이지애나주, 미시시피주, 앨라배마주,

모두 흑인 유권자 등록률은 제자리걸음이었습니다.

1963년 봄, 버나드 라파예트와 콜리아 리델 라파예트라는
두 대학생이 앨라배마주의 셀마를 찾아왔습니다.
두 사람은 SNCC* 소속이었는데, SNCC는 인도의 민족운동 지도자
마하트마 간디의 비폭력 저항운동 방식으로 사회 정의를
실현시키기 위해 학생들이 모여 만든 조직이었습니다.

SNCC 회원들은 초기에 버스 보이콧 운동,

차별 철폐 운동 등을 벌였습니다.

하지만, 이내 유권자 등록 운동이 가장 중요하다는 사실을 깨달았지요.

그때부터 SNCC 회원들은 흑인의 유권자 등록 운동에

집중하기 시작했습니다.

두 사람은 셀마의 흑인들이 모여 사는 동네를 찾아

집집마다 돌아다니며 시민의 권리에 대해 설명했습니다.

그리고 유권자 등록을 위한 교실을 열고,

고등학교에서 흑인 학생들을 상대로 강연을 했지요.

학생들에게 버나드와 콜리아가 하는 이야기는 꿈만 같았습니다.

선생님에게도 그런 이야기를 들어 본 적이 없었지요.

그런 이야기를 하는 선생님은 즉시 해고될 테니까요.

버나드와 콜리아의 이야기를 들은 고등학생들은 자신들이 나서서

불의에 맞서야겠다고 생각했습니다.

버나드와 콜리아는 고등학생들에게
정의로운 세상을 만들기 위한 방법을
알려 주기 시작했습니다.

정의를 바로 세우기 위해서는
불의를 폭력으로 대응하면 안 된다는 것을요.
학생들은 그동안 모른 척했던 불의를
더는 바라만 보지 않았습니다.

그러나 모든 흑인이 버나드와 콜리아를 환영한 건 아니었습니다.

백인이 지배하고 흑인은 순종하는 사회가 점차 흔들리기

시작하자 불안해 하는 사람들이 늘어나기 시작했지요.

흑인들이 다니는 교회조차도 그들에게 불만을 품곤 했습니다.

그뿐이 아니었습니다.

백인들에게도 비난받기 일쑤였고

시 당국에서도 두 사람을 눈엣가시로 여기고 있었습니다.

결국 셀마의 보안관 클라크는

버나드를 부랑죄로 체포하여 재판에 넘겼습니다.

물론 이는 너무나 부당한 일이라 이내 석방되었지요.

안팎으로 공격을 받은 두 사람은

한순간도 편히 활동할 수 없었습니다.

결국 어느 날 저녁,

버나드는 거리에서 두 백인에게 심한 구타를 당했습니다.

얼굴은 퉁퉁 붓고 눈은 찢어졌으며, 셔츠는 피투성이가 되었습니다.

하지만 버나드는 한 달 동안 그 피투성이가 된 셔츠를 입고 다니며

더욱 열심히 활동했습니다.

언젠가부터 버나드와 콜리아를 경계하던 흑인들도
그들과 함께하기로 했습니다.

1963년 가을,
허드슨 고등학교의 학생들은
셀마에서 처음으로 점심시간 시위를 시작했습니다.
구호를 쓴 종이를 들고 평화 시위를 했지요.

경찰은 그들의 이야기에 귀 기울일 마음이 없었습니다.

사회 혼란을 야기하는 시위대일 뿐이라고 생각했고,

학생들을 무차별적으로 때리고 잡아 가두었죠.

유치장은 학생들로 가득 찼습니다.

그러나 학생들은 멈추지 않았습니다.

결국 1963년 10월, 300명이 넘는 학생이 체포되었습니다.

학생들을 처벌할수록 시민들의 저항은 거세어만 갔습니다.

학생들의 부모님까지 시위에 합세했습니다.

학생들이 위험에 처하자 선생님들도 가만히 있을 수 없었습니다.

선생님들도 유권자 등록을 외쳤습니다.

1964년 여름의 어느 날,

수백 명의 흑인들이 유권자 등록 사무소 앞에 줄을 섰습니다.

수백 명 가운데 고작 30명도 안 되는 사람들만

등록 사무소에 입장할 수 있었습니다.

게다가 입장하여 유권자 등록을 신청한 사람 가운데

등록이 승인된 사람은 단 한 명도 없었습니다.

모두 문해 시험과 면접에서 탈락했기 때문이지요.

하지만 이번에는 흑인들도 당하고만 있지 않았습니다.

탈락하면 기다렸다가 줄을 서고,

또 탈락하면 또다시 줄을 섰습니다.

그러는 동안 흑인들은 소란도 피우지 않고,

폭력도 사용하지 않았습니다.

유권자 등록만 요구할 뿐이었습니다.

지역사회를 이끄는 백인들은

흑인들의 주장을 받아들일 마음이 없었습니다.

보안관 클라크가 이끄는 경찰들은

유권자 등록 사무소 앞에 줄 선 흑인들을 사진 찍으며 위협했고,

경찰봉으로 쑤셔댔습니다.

겁을 주어 등록을 포기하게 만들려는 작정이었지만,

흑인들은 절대 포기하지 않았지요.

이에 보안관은 판사에게 시위를 금지할 것을 요청했습니다.

결국 순회 판사* 제임스 하레는 공공장소에서의 시위를 금지했습니다.

* 순회 판사 : 재판소가 없는
관내를 정기적으로 순회하면서
재판을 진행하고 판결을 내리는
판사를 지칭하는 말

거기 서!

일반 시민들의 모임이 금지됐고,

흑인들의 교회와 성당도 문을 닫아야 했습니다.

유권자 등록 사무소 앞에 줄도 설 수 없었습니다.

유권자 등록을 요구하는 시위도 할 수 없었습니다.

그렇게 되자 시위는
급속히 축소되었습니다.
시위를 이끄는 시민운동가들도
은밀히 만나야 했습니다.

시민운동가들은 마틴 루서 킹 목사를 셀마로 초청하기로 했습니다.

그 무렵, 마틴 루서 킹 목사는 노벨 평화상을 받기 위해

노르웨이 오슬로에 머물고 있었는데,

자신을 초청했다는 이야기를 듣고 노벨 평화상을 수상한 뒤

셀마로 왔지요.

1965년 1월 2일.

킹 목사는 셀마에 도착했습니다.

수백 명의 환영 인파가 킹 목사를 맞이했습니다.

마틴 루서 킹 목사가 연설했습니다.

그 무렵,

셀마 지역 흑인 교사연합 대표인 프레데릭 더글라스 리스가

선언을 하고 나섰습니다.

"1월 22일, 흑인 교사들이 행진할 것입니다."

주 정부는 깜짝 놀랐습니다.

그때까지 선생님들은 직접 시위에

참가한 적이 없었으니까요.

공립학교 선생님들은 시위에 참가하면

교사직을 잃을 수도 있었습니다.

선생님들이 행진을 시작했다는

소식이 퍼지자 마을이 술렁였습니다.

많은 시민들이 시위에 나선 2월 1일.

마틴 루서 킹 목사가 시위 도중 경찰에 체포되었습니다.

시위를 했다는 이유만으로 닷새 동안 교도소에 갇혀 있었지요.

그는 교도소에서 편지를 썼습니다.

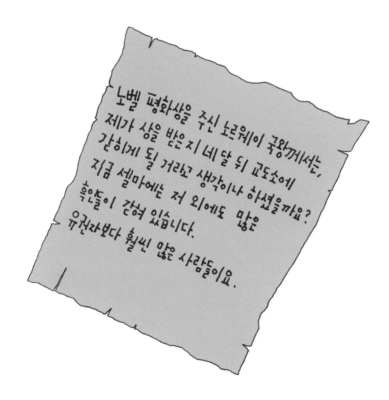

노벨 평화상을 주신 노르웨이 국왕께서는,
제가 상을 받은지 네 달 뒤 교도소에
갇히게 될 거라고 생각이나 하셨을까요?
지금 셀마에는 저 외에도 많은
흑인들이 갇혀 있습니다.
유권자보다 훨씬 많은 사람들이요.

마틴 루서 킹 목사가 갇혔다는 소식이 퍼지자
더 많은 학생들이 시위에 동참했습니다.

매일매일 젊은 학생들이 경찰의 몽둥이에 맞았고, 끌려갔습니다.
하지만 그 누구도 포기하지 않았습니다.
경찰도 포기하지 않고 학생들을 체포했습니다.

그로부터 약 한 달 뒤, 무려 3,400명이 체포되었습니다.
교도소가 모자랄 만큼 잡혀 온 사람들로 넘쳐나,
앨라배마주 곳곳에 시위대를 수용할 캠프가 마련되었습니다.

셀마의 시위가 악화되자 전국의 여론도 끓어올랐습니다.
시위 또한 주변 지역으로 퍼져 나갔습니다.

그러던 중 한 청년이 목숨을 잃는 사건이 일어났습니다.

26세의 지미 리 잭슨이 시위에 함께 참여한 어머니를

보호하려다 총격을 받고 목숨을 잃은 것입니다.

이 청년은 동네 불량배도 아니었고,

폭력을 일삼는 무법자도 아니었습니다.

군에 입대하여 나라를 위해 싸운 선량한 애국자였던 그는

다섯 번이나 유권자 등록에 실패했고,

그 불의를 참지 못해 시위에 나섰다가

경찰이 쏜 총에 맞아 사망한 것입니다.

시민들은 더 이상 참을 수 없었습니다.

몽고메리시 주지사 조지 월리스에게

이 청년의 죽음에 대한 책임을 규명할 것을 요구하기로 했지요.

그러나 월리스는 자신의 책임을 인정하지 않았습니다.

오히려 시위대가 교통을 방해하고

시민들의 삶에 불편을 주고 있다고 주장했습니다.

더욱 분노한 셀마 시민들은 직접 주지사 월리스의 집무실이 있는

주도州都 몽고메리로 가서 항의하기로 했습니다.

셀마에서 몽고메리시까지는 87km.

차를 타고 가야 하는 거리였지요.

그러나 차를 가지고 있는 흑인들은 많지 않았습니다.

그때 흑인 지도자 제임스 비벌이 말했습니다.

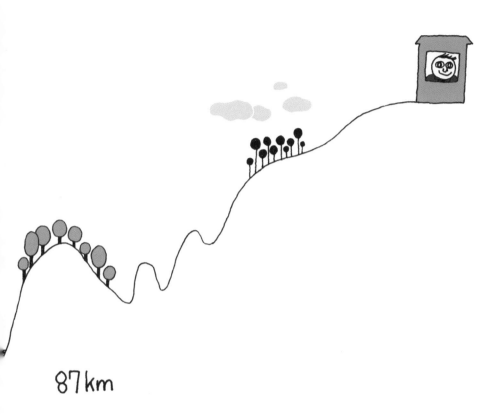

87km

그렇게 행진이 시작되었습니다.

1965년 3월 7일 일요일.

600명이 넘는 시민들이 몽고메리시를 향해 출발했습니다.

미국 전역에서 온 70여 개의 백인 그룹도 함께했습니다.

학생, 노인, 부모와 아이들이 함께 걷기 시작했습니다.

등에는 가방을 메고 손에는 이불과 도시락 가방을 들고 걸었습니다.

그들은 노래를 부르지도 않고 구호를 외치지도 않았습니다.

묵묵히 걸을 뿐이었습니다.

시위대가 셀마시 중심부 에드먼드 페터스 다리 위에
도착했을 때였습니다.
셀마 시장 존 클라우드는 행진하고 있는 사람들에게 경고했습니다.
그러나 시위대는 움직이지 않았습니다.

그때 어디선가 날카로운 명령 소리가 들려왔습니다.

"군대 전진!"

군대가 시위대를 향해 무자비하게 전진하기 시작했습니다.

비무장 상태의 나이 어린 학생, 노인, 여성, 장애인 등
시위대 속 사람들이 쓰러지기 시작했습니다.
최루탄이 터지고, 여기저기서 사람들이 피를 흘리기 시작했습니다.
주변에 서 있던 기마경찰도 시위대를 공격했습니다.
갈비뼈가 부러진 사람, 머리가 깨진 사람, 팔이 부러진 사람 등
다리 위는 순식간에 아수라장이 되었습니다.
병원만으로는 부상자를 수용할 수 없자 교회가 병원이 되었습니다.

참혹한 광경에 사람들은 경악했습니다.

방송사들은 정규방송을 중단하고 셀마의 상황을 전국에 생중계했습니다.

곤봉으로 시위대를 때리는 경찰들,

울부짖는 여성들, 피를 흘리며 쓰러져 있는 사람들 등

셀마의 참혹한 모습을 온 미국의 시청자들이 보게 되었습니다.

사람들은 이날을 가리켜 '피의 일요일'이라고 부릅니다.

그렇게 행진 첫날은 불과 1km도 못 가 중단되었습니다.

행진 이틀째인 월요일,

텔레비전 속 셀마의 비극적인 상황을 본 사람들이

전국에서 모여들었습니다.

셀마의 시위대 역시 결코 포기하지 않았습니다.
그들은 다시 선언했습니다.

"침묵은 더 이상 금이 아닙니다!"
"3월 9일 화요일, 행진을 다시 시작하겠습니다!"

그리고 화요일, 2,500명이 넘는 사람들이
에드먼드 페터스 다리 입구에 다시 섰습니다.

이 모습을 본 셀마 시장이 시위대를 향해 말했습니다.

"이 행진은 불법이다. 행진을 중단하고 돌아가라."

그러자 마틴 루서 킹 목사는 자리에서 무릎을 꿇으며 말했습니다.

"우리 모두 평화를 위해 기도합시다."

모든 시위대가 함께 무릎을 꿇고 기도를 시작했습니다.

1.5km에 걸쳐 수많은 사람들이 무릎을 꿇고 기도를 했습니다.

갑작스러운 행동에 경찰들도 물끄러미 바라만 보고 있었습니다.

기도가 끝나고 킹 목사가 일어났습니다.

사람들은 당연히 킹 목사가 앞을 향해 나아갈 거라고 생각했지만,

기도를 끝낸 킹 목사는 왔던 길을 되돌아가기 시작했습니다.

사람들은 깜짝 놀랐습니다.

2,500명 시위대는 술렁이다가 이내 곧 킹 목사를 따라
몽고메리가 아닌 집으로 돌아갔습니다.

그러나 모두가 평화를 원한 것은 아니었습니다.

전국에서 모인 몇몇 시민들이

저녁 식사를 마친 후 식당을 나설 때였습니다.

백인 인종차별주의자들이 그들을 무차별 공격했습니다.

그 자리에 있던 보스턴에서 온 제임스 리브 목사는

머리를 다쳐 끝내 숨을 거두고 말았습니다.

시위대는 평화를 추구했지만, 셀마는 폭력과 피로 얼룩졌습니다.

이 소식을 들은 미국 전역은 분노했습니다.

미국 여러 지역에서 셀마 시민들에 동조하는 행진을 시작했습니다.

1965년 3월 15일 월요일.

린든 B. 존슨 대통령이 선언했습니다.

그리고 이틀 후,

마침내 연방법원 판사 프랭크 존슨은

셀마 행진이 적법하다고 선언했습니다.

1965년 3월 21일.

첫 번째 행진이 시작된 지 2주가 지난 일요일,

세 번째 행진을 위해 시민들이 모였습니다.

처음에 600명 남짓으로 시작한 시위대는

전국 각지에서 모인 사람들로 3,200명까지 늘어났습니다.

행진대는 앞으로 5일 동안 걸어 몽고메리에 위치한

주지사 집무실에 도착할 예정입니다.

오후 12시 47분,

시위대는 두 번이나 물러섰던 에드먼드 페터스 다리를 향해

세 번째 발걸음을 옮겼습니다.

어린아이부터 80세가 넘은 사람까지,

흑인부터 백인까지, 건강한 사람부터 다리가 하나뿐인 사람까지,

유대인 랍비부터 천주교 수녀까지,

정의와 평등을 사랑하는 모든 시민들이 행진에 참가했습니다.

첫날, 행진 대열은 12km를 걸어 첫 야영지에 도착했습니다.

그곳에서 2,900명은 버스를 타고 집으로 돌아가야 했습니다.

너무 많은 시민이 함께하면 머물 곳도, 잘 곳도,

먹을 것도 부족했지요.

나머지 300명이 남은 4일 동안 행진한 후

몽고메리에서 다시 그들과 합류하기로 했습니다.

이튿날, 남은 300명은 짐을 꾸린 후 다시 행진을 시작했습니다.

낮에는 뙤약볕으로 달구어진 고속도로를 걷고

밤에는 진흙 무더기에서 잠을 잤지만,

사람들은 웃음을 잃지 않았습니다.

자원봉사자들이 새벽부터 해 온 음식으로

배를 채우며 걷고 또 걸었습니다.

그들에게 야유를 보내는 백인 우월주의자들도 있었지만,

행진하는 내내 항상 평화를 유지했습니다.

그렇게 4일이 지났습니다.

행진대는 마침내 몽고메리시에 들어섰습니다.

몽고메리시 외곽에 도착했을 때,

그들을 맞이한 수많은 시민들 가운데는

전국에서 찾아온 유명 가수들도 있었습니다.

조안 바에즈(Joan Baez), 피트 시거(Pete Seeger),

토니 베넷(Tony Bennett), 니나 시몬(Nina Simone) 등

많은 가수들은 시민들과 밤새 노래를 불렀습니다.

1965년 3월 25일 목요일.

그날은 셀마에서 몽고메리시로 향한 행진대가 맞이한

마지막 날이었습니다.

25,000명이나 되는 행진대원들은 군대와

헬리콥터에도 아랑곳하지 않고

앨라배마주 의사당 건물을 향해 발걸음을 옮겼지만,

마지막까지 월리스 주지사는 행진대와의 만남을 거부했습니다.

마틴 루서 킹 목사는 마지막 연설을 했습니다.

"그 어떤 차별도 우리를 멈추게 할 수 없습니다. 변화는 이제 시작됐습니다."

25,000명이 하나가 되어 승리의 노래를 부르면서

기나긴 행진은 끝을 맺었습니다.

그렇게 사람들은 해산했습니다.

버스를 타고, 택시를 타고, 기차를 타고, 비행기를 타고

자신이 살던 곳으로 돌아갔습니다.

돌아가는 길만큼 평화를 향한 길은 멀고 멀었습니다.

디트로이트에서 온 비올라 류쪼라는 39세의 백인 여성이 있었습니다.

5남매를 둔 그녀는 자신의 차로 행진대원들을

몽고메리에서 셀마로 태워다 주는 자원봉사를 하고 있었습니다.

그녀가 두 번째로 행진대원들을 태우고 셀마로 돌아갈 때였습니다.

KKK 단원이 탄 차에서 그녀의 차를 향해 총탄이 날아왔습니다.

차 앞 유리는 산산조각이 났고, 그녀는 그 자리에서 눈을 감았습니다.

그러나 그녀의 죽음은 헛된 것이 아니었지요.

1965년 8월 6일.

린든 B. 존슨 대통령은 마틴 루서 킹, 로자 파크스 등

민권운동가들이 지켜보는 가운데 백악관 집무실에서

'투표권 법안'에 서명했습니다.

그곳은 102년 전,

에이브러햄 링컨 대통령이 노예 해방을 선언한

바로 그 장소였습니다.

미국의 흑인들은 비로소 정당한 투표권을

행사할 수 있게 되었습니다.

그 후 세상은 조금씩 변해 갔습니다.

이듬해 여름, 보안관 짐 클라크는 흑인들이 투표권을 행사하자

보안관 자리에서 물러나게 되었지요.

그리고 2000년,

셀마시에서 최초로 흑인 시장 제임스 퍼킨스가 선출되었습니다.

우리는 끝없이 진보하기 위해 노력합니다.

어느 순간 세상이 뒤로 후퇴한다고 행동하지 않으면

결코 앞으로 나아갈 수 없습니다.

역사의 수레바퀴는 진보와 회귀, 그리고 더 큰 진보의 과정을 통해

자유와 평등의 가치가 깃든 세상으로 우리를 이끕니다.

'셀마 대행진'은 행동하고 연대하는 사람들의 용기로
민주주의를 확장시킨 역사의 한 페이지로 기억되고 있습니다.

아직도 세계 곳곳에서 또 다른 이들의 '셀마 대행진'은 계속되고 있습니다.

궁극의 비극은

나쁜 사람들의 억압과 잔인함이 아니라

선한 사람들의 침묵이다.

– 마틴 루서 킹

부록

1865년 셀마 대행진, 그날의 모습
미국 흑인 차별의 역사
-
노예제, 시작부터 폐지까지

1965년 셀마 대행진, 그날의 모습

1965년 3월 7일, 첫 번째 셀마 대행진
몽고메리시로 가는 길목인 에드먼드
페터스 다리 위를 행진하고 있다.

백인 경찰이 행진대를 막아선 채
경고하는 모습.

행진대가 경고를 무시하자 기병, 경찰대는 무력 진압했으며 부상자가 속출했다.
이날을 '피의 일요일'이라 부른다.

아이와 함께 행진에 참여한 한
흑인. 피켓에는 '존슨 대통령 지금
셀마로 오라'라고 쓰여 있다.

1965년 3월 21일, 에드먼드 페터스 다리를
건너고 있는 행진대. 세 번의 행진 끝에
몽고메리시에 입성할 수 있었다.

149

행진대와 함께 몽고메리시를 향해
행진하고 있는 마틴 루서 킹 목사.

행진대진에서 자원봉사를
한 백인 여성 비올라
류쪼, KKK 단원의 총탄에
목숨을 잃었다(140p 참조).

제임스 리브 목사 추모비.
셀마 행진을 위해 보스톤에서
온 제임스 리브 목사는
식사중 백인 인종차별주의자들의
공격을 받고 사망했다(123p 참조).

1965년 3월 25일, 행진 마지막 날. 미국 전역에서 몰려든 25,000여 명의
지지자들과 함께 앨라배마주 의사당에 들어서고 있다.

행진 5개월 후인 1965년 8월 6일, 존슨 대통령은 마틴 루서 킹을
비롯한 민권운동가들이 지켜보는 가운데 흑인들의 투표권을
보장하는 '투표권 법안'에 서명하고 있다.

미국 흑인 차별의 역사-노예제, 시작부터 폐지까지

1619년, '노예'가 아닌 '계약 하인'

1619년 아프리카 흑인 20명이 네덜란드 배에 실려 미국 남부 버지니아주 제임스타운에
도착합니다. 그 뒤 그들은 정착민에게 팔립니다. 당시 버지니아는 영국의 식민지였습니다.
이들은 영국법에 따라 노예가 아닌, 주인을 위해 일을 해야 하는 계약 하인이었죠.
계약 기간은 4~7년이었고, 끝없는 노동이 필요했던 담배밭에서 일했습니다.

1640년, 최초 종신 노예 '존 펀치'

흑인 계약 하인 존 펀치와 두 명의 백인 하인이 계약 기간 도중에 탈출합니다.
그러나 이들은 체포되어 유죄 판결을 받았습니다. 백인 하인은 계약 기간을
4년 연장하라는 판결을 받았지만, 흑인 존 펀치는 '주인, 혹은 양수인에게 평생
봉사하라'는 즉 종신 노예 판결을 받았습니다. 이는 '평생 노예에 대한 최초의
법적 승인'이고, 미국 노예 제도 발생에 주요한 역할을 했던 사건입니다.

1705년, 노예법 제정

점차 계약 하인 제도는 노예 제도로 변해 갔고, 버지니아주에서는 노예에 관한
법규들이 생겨나기 시작했습니다. 인디언과 흑인들은 무조건 노예로 간주하며,
흑인 여성이 낳은 아이는 어머니의 신분대로 모두 노예가 되어야 했고 무기 소지가
금지되었습니다. 그리고 1705년 이런 법규들을 집대성해 '노예의 신분 규정 및
관리를 목표로 하는 노예법'이 제정되었으며, 1723년에는 노동과 예배 목적 이외에
집회를 금지하고, 도망은 중죄로, 폭동 모의는 사형으로 처벌 규정을 정했습니다.

노예선

아프리카에서 붙잡힌 흑인들은 화물선을 개조한 '노예선'을 타고 미국으로 갔습니다. 이들은 노예선에서 짐짝 취급을 받았습니다. 승선 인원을 늘리기 위해 선반 위까지 실었고, 쇠사슬로 묶어 이동하지 못하게 했죠. 대서양을 항해하던 중 죽는 이들은 바로 바다에 버렸습니다. 전하는 자료에 따르면 평균 15%, 많을 때는 30%가 넘는 흑인들이 항해 도중, 가혹한 환경을 못 이겨 사망했습니다. 운 좋게 목적지에 도착한 뒤 이들은 노예 경매시장에서 '진열'되어 상품으로 팔렸습니다.

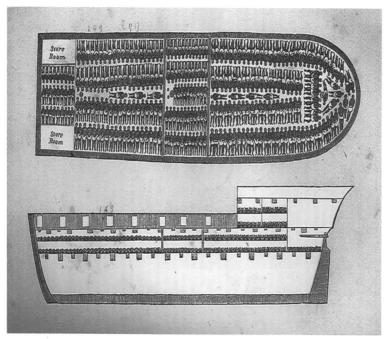

노예선. 흑인들이 결박된 채로 빼곡히 차 있다.

Husbands, Wives, and Families sold indiscriminately to different purchasers, are violently separated—probably never to meet again

노예 거래 모습. 가족 구성원이라 할지라도 각각 다른
구매자에게 팔렸을 뿐 아니라 다시는 만날 수도 없었다.

1775년 - 1783년, 미국 독립 전쟁과 흑인 노예

1755년, 당시 영국 식민지였던 미국 13개 주는 영국이 지나칠 정도로 높은 세금을 물리는 것에 불만을 품어 전쟁을 일으켰는데요. 이것이 바로 미국 독립 전쟁입니다. 전쟁이 길어지자, 영국은 남부 농장주들에게 흑인 노예들을 사들여 병력을 공급했습니다. 미국 또한 흑인 노예들의 무기 및 군 복무 금지라는 법령이 있음에도 불구하고 입대를 시키고, 참전하게 했죠. 결국, 이들은 서로 다른 편에 서서 전쟁을 치러야 했습니다. 미국의 승리로 끝난 후 참전한 흑인 노예들에게는 그 어떤 신분의 변화도 없었고, 다시 제자리로 돌아가야 했습니다.

1793년, 조면기와 노예의 삶

당시 미국 북부는 상공업이, 남부는 농업이 발달했습니다. 남부에서 주로 재배하던 작물은 목화였습니다. 목화는 열매가 익어 벌어지면 '솜'이 점차 굳기 때문에 서둘러 따야 했습니다. 목화를 최대한 빨리 따기 위해서 많은 노동력이 필요했고, 값싸게 데리고 온 흑인 노예들이 그 역할을 감당했습니다.

1793년, 엘리 휘트니가 목화솜에서 씨앗을 분리하는 기계인 '조면기'를 개발하면서 목화를 수확만 하면 쉽게 솜으로 만들 수 있게 되었습니다. 이전에는 사람의 손으로 씨앗을 일일이 분리해야 했기에 생산량이 저조했고 농장주들에게 돌아가는 이득도 그리 크지 않았죠. 그러다가 조면기 공급과 맞물려 국제적으로 목화의 수요가 부쩍 늘어났습니다. 남부 농장주들은 더 많은 수익을 얻고자 흑인 노예들에게 더욱 혹독하게 대했습니다. 감시와 억압은 물론 1일 할당량을 채우지 못하면 채찍질 등 가혹한 체벌도 서슴지 않았습니다.

조면기를 사용해 목화솜을 생산하는 모습.

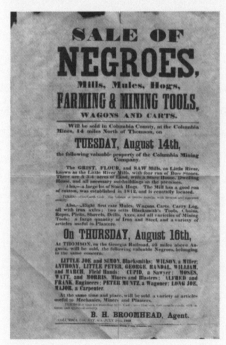

노예 경매를 알리는
포스터. 1860년
미국 조지아.

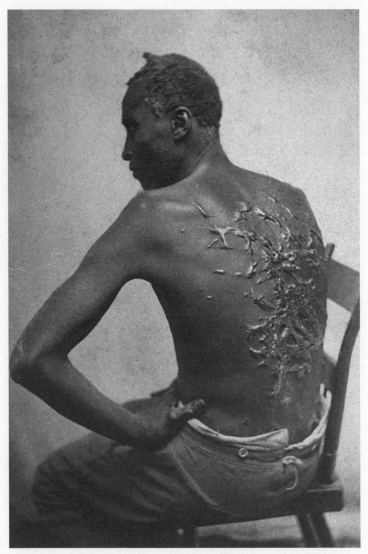

도망치다 잡혀 채찍질을 당한 끝에 무시무시한 흉터를 갖게 된 노예의 모습.
1863년, 루이지애나에서 찍은 사진으로, 이 사진은 노예제 폐지론자들이 보급한 것이다.

1850년, 도망 노예법 제정

인권 유린이 지속되자 견디지 못한 흑인 노예들이 탈출하기
시작했습니다. 이들은 노예 제도를 반대하는 입장이었던
미국 북부로 탈출했고, '도망 노예' 문제에 대한 농장주들의
항의에 직면한 미국 연방정부는 1850년 '도망 노예법'을
제정합니다. 도망 노예를 소유주에게 되돌려 주기 위해
만든 법입니다. 노예를 개인이 잡는 것을 허락하고, 노예가
도망치게 도와 준 자는 벌금을, 도망간 노예를 잡아 와
주인에게 인도할 경우 포상금을 지불하라는 내용입니다.

1861년-1865년, 남북전쟁과 노예 제도 폐지

1861년, 노예 제도를 반대했던 에이브러햄 링컨이
북부의 압도적인 지지로 미국 대통령에 당선됩니다.
남부에서는 노예 제도를 폐지할까 봐 불안했죠. 결국
이들은 '남부 독립'을 선언합니다. 링컨 대통령은
이것을 인정할 수 없었죠. 급기야 남부는 연합군을
조직해 전쟁을 일으켰는데, 이것이 남북전쟁입니다.
링컨 대통령은 남북전쟁 중에 '노예 해방'을
선언(1863년)하고, '도망 노예법'을 폐지(1864년)합니다.
4년간의 남북전쟁은 북부의 승리로 끝이 났으며, 마침내 1865년 12월, 노예 제도
폐지 법안(수정 헌법 13조)이 의회를 통과함으로써 노예 제도가 공식 폐지됩니다.

《톰 아저씨의 오두막》 초판 표지.
도망 노예법 제정에 분노한
작가 해리엇 비처 스토우는
1852년, 노예의 비참한 현실을
그린 소설 《톰 아저씨의
오두막》을 출간했다. 미국
최초의 밀리언셀러이자, 링컨
대통령이 노예 해방을 결심할
때 결정적 역할을 했던 책이다.

링컨 대통령이 노예해방 선언 초안을 내각 각료들에게 발표하는 모습.